Vente du Vendredi 30 Novembre 1900

(SALLES SILVESTRE)

CATALOGUE

DE

LIVRES CURIEUX

ANCIENS ET MODERNES

ROMANS. — FACÉTIES

OUVRAGES SUR L'AMOUR, LES FEMMES ET LE MARIAGE

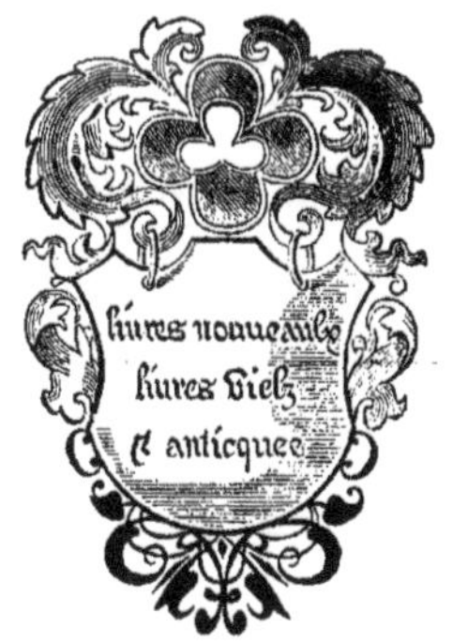

PARIS

EM. PAUL ET FILS ET GUILLEMIN

Libraires de la Bibliothèque Nationale

28, RUE DES BONS-ENFANTS, 28

—

1900

LA VENTE AURA LIEU

Le Vendredi 30 Novembre 1900

à huit heures précises du soir

Dans les Salles de Ventes aux enchères

DE LA LIBRAIRIE ÉM. PAUL ET FILS ET GUILLEMIN

28, rue des Bons-Enfants, 28 (Anciennes Maisons Silvestre et Labitte)

SALLE N° 1

Par le ministère de M° MAURICE DELESTRE, Commissaire-Priseur

5, RUE SAINT-GEORGES

Assisté de MM. ÉM. PAUL ET FILS ET GUILLEMIN

LIBRAIRES-EXPERTS

28, RUE DES BONS-ENFANTS

CONDITIONS DE LA VENTE

La vente se fera expressément au comptant.

Les acquéreurs paieront 5 pour cent en sus des enchères.

Il y aura exposition le jour de la vente, de 2 à 4 heures.

Les livres devront être collationnés dans les vingt-quatre heures de l'adjudication. Passé ce délai ils ne seront repris pour aucune cause.

Les Libraires chargés de la vente rempliront les commissions des personnes qui ne pourraient y assister.

CATALOGUE

DE

LIVRES CURIEUX

ANCIENS ET MODERNES

---

1. **ANALECTES** du Bibliophile. Recueil trimestriel contenant : diverses pièces curieuses, anciennes et modernes... des anecdotes, etc. Directeur, M. Jules Gay. *Turin et Bruxelles, Gay*, 1870, 3 vol. in-12, pap. de Holl. br.

2. **ANCILLON** (Ch.). Traité des Eunuques, dans lequel on explique toutes les différentes sortes d'eunuques, quel rang ils ont tenu, et quel cas on en a fait, etc. On examine principalement s'ils sont propres au mariage, et s'il leur doit être permis de se marier... par M*** D*** S. l. (*A la Sphère*). 1707, in-12, mar. noir jans. dent. int. non rog. (*Amand.*)

    L'Épitre dédicatoire à Mr Bayle est signée C. D'Ollincan (anagramme de Ch. Ancillon). Bel exemplaire NON ROGNÉ.

3. **ANTHOLOGIE** françoise, ou chansons choisies, depuis le XIIIe siècle jusqu'à présent (par Jean Monnet). S. l. (*Paris*), 1765, 3 vol. — Recueil de romances historiques, tendres et burlesques, tant anciennes que modernes, avec les airs notés, par M. D. L. (de Lusse). S. l. (*Paris*), 1767. — Ens. 4 vol. in-8, portr. de Monnet par Cochin, 4 front. par Eisen et Gravelot et musique notée, v. ant. marb. dos orné.

    Voir le n° 31.

4. — scatologique, recueillie et annotée par un bibliophile de cabinet (J. Gay). *Paris, près Charenton, chez le libraire qui n'est pas triste* (J. Gay), *l'ère du Carnaval de 1000800602 (1862)*, in-8, pap. vergé, br.

    Un des 70 exemplaires numérotés, de format in-8 (n° 6).

5. **AUBIN**. Histoire d'Urbain Grandier, condamné comme Magicien, et comme auteur de la possession des Religieuses Ursulines de Loudun par Monsieur*** (Aubin). *Amsterdam*, 1735. — Examen et discussion critique de l'Histoire des diables de Loudun... et de la condamnation d'Urbain Grandier, par M. de La Menardaye. *Paris, De Bure*, 1747. — Ens. 2 vol. in-12, v. ant.

6. Avantages (Des) attachés à la clôture des femmes, et des inconvéniens inséparables de leur liberté. Ouvrage traduit du chinois en russe, par le prince Karikof, et du russe en français, par A. D... (Delpla). *Paris. Lanoe et Crochard*, 1816, in-12, demi-rel. mar. r. dos orné, tête dor. non rog.

> Exemplaire NON ROGNÉ.

7. Ballets et mascarades de cour de Henri III à Louis XIV (1581-1652), recueillis et publiés, d'après les éditions originales, par M. Paul Lacroix. *Genève, Gay*, 1868-70, 6 vol. in-12, pap. de Holl. br.

> Réimpression tirée à 100 exemplaires de ce recueil d'environ 160 pièces dont les originaux sont rarissimes ou introuvables aujourd'hui.

8. Balzac (H. de). Code des gens honnêtes, ou l'Art de ne pas être dupe des fripons. *Paris. Barba*, 1825, in-12, demi-rel. v. f. dos orné, tête dor. non rog.

> ÉDITION ORIGINALE.

9. Barbier et Desessarts. Nouvelle bibliothèque d'un homme de goût... *Paris, Duminil-Lesueur*, 1808-1810, 5 vol. in-8, demi-rel. mar. grenat, dos orné, tête dor. ébarbé.

10. Baschet et Feuillet de Conches. Les Femmes blondes selon les peintres de l'école de Venise, par deux Vénitiens (Armand Baschet et Feuillet de Conches). *Paris, Aubry*, 1865, in-8, demi-rel. mar. La Vall. avec coins, dos orné, fil. tête dor. non rog.

> Tiré à *petit nombre*.
> Un des 50 exemplaires sur GRAND PAPIER VERGÉ.

11. Beneyton (Ch.-Am.). Chroniques, contes et légendes. *Paris, Dumoulin*, 1854, in-4, texte imprimé en r. et en noir, titre avec encadr. sur bois, br.

> ENVOI AUTOGRAPHE de l'auteur.

12. Béranger. Les Gaietés. Recueil des meilleures chansons ér... et satiriques de ce poète, non recueillies, en partie, dans ses œuvres prétendues complètes. *Villafranca*, 1875, in-12, pap. vélin, demi-rel. mar. La Vall. fil. tête dor. non rog.

> Tiré à 300 exemplaires. — Incomplet du frontispice.

13. Béroalde de Verville. Les Appréhensions spirituelles, poèmes et autres œuvres philosophiques, avec les Recherches de la pierre philosophale. — Les Cognoissances nécessaires. — *Paris, Joüan*, 1584, 2 parties en 1 vol. pet. in-12, vélin.

> Recueils en prose et en vers où se trouvent quelques propos très libres. — Mouillure.

14. — Le Moyen de parvenir. Nouvelle édition (augmentée d'une dissertation sur ce livre, par Bern. de La Monnoye, et des imitations du Moyen de parvenir, qui ont été faites en vers latins ou françois par différents auteurs). S. l. n. d. (*Paris*, 1773), 2 vol. pet. in-12, titres gr. v. ant. marb. dos orné.

> Jolie édition recherchée.
> Exemplaire incomplet du frontispice.

15. Bibliographie. — Réunion de 3 plaquettes et 1 vol. in-8, br.

> Fréd. Busch : Découvertes d'un Bibliophile ; Supplément aux Découvertes d'un Bibliophile ; Réponse du Bibliophile à la consultation des quatre Avocats du Barreau de Strasbourg. — *Strasbourg et Paris*, 1843-44. — Ens. 3 plaquettes. — Caprices d'un Bibliophile par Octave Uzanne. *Paris. Rouveyre*, 1878, pap. de Holl. front. gr. à l'eau-forte par Lalauze.

16. BIBLIOPHILE (Le) fantaisiste, ou Choix de pièces désopilantes et rares réimprimées en 1869. *Turin, Gay*, 1869, 12 fascicules in-12, pap. de Holl. 3 portr. gr. à l'eau-forte et sur bois, sur Chine volant, br.

> Tiré à 175 exemplaires.
> Analyse bibliographique d'un grand nombre d'ouvrages facétieux.

17. BIBLIOTHÈQUE de l'Ecole des Chartes. Revue d'érudition, consacrée spécialement à l'étude du Moyen Age. *Paris, Alphonse Picard*, 1885-1889, 29 livraisons en 21 fascicules in-8, br.

> Tomes XLVI à XLIX plus les 5 premières livraisons du tome L.

18. BIENVILLE (Th. de). La Nymphomanie, ou Traité de la fureur utérine, dans lequel on explique, avec autant de clarté que de méthode, les commencemens et les progrès de cette cruelle maladie, dont on développe les différentes causes... Nouvelle édition. *Amsterdam*, 1784, in-12, demi-rel. mar. bleu avec coins, dos orné, fil. tête dor. non rog.

> Bel exemplaire NON ROGNÉ.

19. BILLON (Fr. de). Le Fort inexpugnable de l'honneur du sexe fémenin. *Paris, d'Allyer*. 1555, in-4, fig. v. br. ant.

> PREMIÈRE ÉDITION d'un ouvrage rare et curieux par les détails qu'il renferme sur diverses dames célèbres du XVIᵉ siècle, et dans lequel l'auteur défend vigoureusement les femmes contre leurs nombreux détracteurs. Il est orné du portrait de l'auteur sur le titre, répété au vᵒ du f. 117 ; d'une figure à pleine page représentant le « *Fort inexpugnable* », répétée 6 fois : d'un encadrement formé d'attributs d'artillerie, répété 9 fois ; d'une fig. à pleine page pour la « *Contremine de ce fort* », répétée 3 fois : le tout gravé sur bois.

20. BIOGRAPHIE. — Réunion de 3 vol. in-12 et in-16, pap. vergé, br.

> Notice sur la vie et les ouvrages de P. de Corneille Blessebois par M. Ed. Cléder. *Paris. Aubry*, 1862. — Le Marquis de Sade. l'homme et ses écrits, étude bio-bibliographique par M. Gustave Brunet. *Sadopolis; an 0000 (Paris*, 1866). — Pétrus Borel le Lycanthrope, sa vie, ses écrits, sa correspondance, par Jules Claretie. *Paris, Pincebourde*, 1865, front. gr. à l'eau-forte.
> Tous ces ouvrages sont *tirés à petit nombre*.

21. BOAISTUAU (P.). Histoires prodigieuses extraictes de plusieurs fameux autheurs grecs et latins. sacrez et prophanes... avec les pourtraicts et figures. *Paris, Hierome de Marnef*, 1566, in-8, portr. et nombr. fig. sur bois, mar. r. dos orné, milieu d'entrelacs, dent. int. tr. dor. (*Masson-Debonnelle.*)

> Edition rare de ce curieux ouvrage. Elle est ornée de remarquables figures sur bois et de lettres ornées dans le style de Jean Cousin. Ces illustrations ne furent pas reproduites dans les éditions. de petit format publiées postérieurement par Belleforest, Tesserant et autres continuateurs de Boaistuau.
> Bel exemplaire.

22. — Le Théâtre du Monde, où il est fait un ample discours des misères humaines, composé en latin par P. Boaystuau, surnommé Launay, natif de Bretagne, puis traduit par luy-mesme en françois, avec un brief discours de l'excellence et dignité de l'homme. *Rouen, Romain de Beauvais*, 1600, 2 parties en 1 vol. in-12, mar. vert jans. dent. int. tr. dor. (*Belz-Niedrée.*)

> Bel exemplaire d'un petit livre rare.

23. BOCCACE. Les Contes. Traduction nouvelle (par l'abbé Sabatier de Castres). *Londres*, 1779, 10 vol. in-12, front. et 109 figures par Cochin, Eisen, Gravelot et Boucher, v. ant. marb. dos orné, dent.

> Bel exemplaire.

2.

24. Boccace. Le Philocope... contenant l'histoire de Fleury & Blancheflleur, divisé en sept livres et nouvellement imprimé. Traduict d'italien en françois, par Adrien Sevin. *Paris, Charles l'Angelier*, 1555, in-8, demi-rel. v. f. dos orné, tr. marb.

> Léger raccommodage à la marge supérieure du titre. — Petites taches aux ff. 101 et 102, et mouillures aux derniers ff.

25. Boileau (J.). De l'Abus des nudités de gorge, attribué à l'abbé J. Boileau. *Paris, Delahays*, 1858, in-12 carré, pap. de Holl. demi-rel. v. f. dos orné, tête dor. non rog.

> Réimpression tirée à petit nombre de l'édition de 1677.

26. Boudier de Villemert. L'Ami des femmes. *Paris*, 1758, pet. in-8, demi-rel. mar. violet avec coins, dos orné, tr. peigne. (*Petit succr. de Simier.*)

> L'auteur blâme les femmes qui écrivent ou étudient les sciences ; il voudrait qu'elles travaillent aux ouvrages d'aiguille, qu'elles se marient et nourrissent elles-mêmes leurs enfants.

27. Boulmier (Joseph). Estienne Dolet, sa vie, ses œuvres, son martyre. *Paris, Aubry*, 1857, in-8, portr. vélin à recouvr. dos orné, tête dor. non rog.

> Un des 50 exemplaires sur papier de Hollande avec le portrait en double état, dont un sur Chine volant.

28. Bouret. Les Poésies diverses du sieur D***** (Em. Bouret, lieutenant général de Gisors). *S. l.* 1718, in-12, v. ant. marb.

> Rare.

29. Cabinet (Le) Jésuitique, contenant plusieurs pièces très curieuses des R. Pères Jésuites, avec un Recueil des mystères de l'Eglise Romaine ; le tout augmenté dans cette seconde édition. *Cologne, Jean Le Blanc*, 1682, front. gr. — *Légende véritable de Jean Le Blanc. S. l. (A la Sphère)*, 1682. — Onguant pour la brûlure, ou le Secret pour empescher les Jésuites de brûler les livres, (par J. Barbier d'Aucour). *Cologne, Pierre Du Marteau (à la Sphère)*, 1682. — Le Rappel des Jésuites en France. *Cologne, Jean Le Blanc*, 1678. — Ens. 4 pièces en 2 vol. petit in-12, mar. r. dos orné, fil. comp. à la Du Seuil, tr. dor. (*Rel. anc.*)

> Curieux recueil de pièces en prose et en vers pouvant se joindre à la collection elzevirienne.

30. — Satyrique ou Recueil des vers piquans et gaillards de ce temps, tirés des Cabinets des sieurs de Sigognes, Regnier, Motin... et autres des plus signalez poètes de ce siècle. *Imprimé au Mont Parnasse (Hollande)*, 1697; 2 tomes en 1 vol. in-12, 2 front. gr. mar. r. dos orné, fil. armoiries sur les plats, dent. int. tr. dor. (*Bernon.*)

> Recueil de poésies libres très recherché.

31. Caillet (Paul). Le Tableau du mariage représenté au naturel, enrichi de plusieurs rares curiosités, figures, emblèmes, histoires, loyx, mœurs et coustumes de diverses Nations... *Orenge, Estienne Voisin*, 1635, in-12, v. gris, dos orné, fil. et comp. à la Du Seuil, tr. dor. (*Ollmann.*)

> Exemplaire provenant de la bibliothèque de Van der Helle.

32. Caylus (le comte de). Œuvres badines complettes. *Amsterdam et Paris*, 1786-87, 12 vol. in-8, portr. par Cochin et 24 pl. par Marillier, gr. par Baquoy, Borgnet, Dambrun, Fessard... v. ant. écaille, dos orné, fil. tr. marb.

33. CHANSONNIER (Le) Huguenot du XVIe siècle. *Paris, Tross,* 1870-71, 2 vol. in-16 carré, pap. vergé, br.

34. COLLÉ. Chansons joyeuses, mises au jour par un âne-onyme, onissime (Ch. Collé). Nouvelle édition, considérablement augmentée, et avec de grands changemens qu'il faudroit encore changer. *A Paris, à Londres et à Ispahan seulement, de l'Imprimerie de l'Académie de Troyes VXL.CCD.M.* (1765), 2 parties en 1 vol. in-8, titre par Gravelot, gr. par Née (pour la 2e partie), musique notée, demi-rel. mar. grenat.

> Volume recherché faisant suite à l'Anthologie française (Voir le n° 3).

35. COLNET DU RAVEL. L'Art de dîner en ville, à l'usage des gens de lettres, poëme en IV chants. Seconde édition (par Max. de Colnet du Ravel.) *Paris, Delaunay,* 1810. — Nouvel art poétique, poëme en un chant, par M. Viollet Le Duc. Troisième édition. *Paris, Martinet et Janet,* 1809. — Ens. 2 pièces en 1 vol. in-12, demi-rel. mar. vert avec coins, tête dor. non rog. (*Gruel.*)

> Le premier ouvrage est suivi d'un extrait de la *Biographie des auteurs morts de faim.*
> Bel exemplaire.

36. CONTES en vers. — Réunion de 5 vol. in-8 et in-12, dont 1 en demi-rel. mar. r. avec coins, tête dor. et 4 br.

> Contes en vers et quelques pièces fugitives (par l'abbé Bretin). *Paris,* 1797, front. — Contes et épigrammes par le Cit. Gobet. *Paris,* 1800. — Frère Jean. Du Neuf et du Vieux, contes et mélanges. *Bruxelles,* 1873, front. à l'eau-forte. — Fernand Belligéra. Miettes d'amour. *Paris,* 1853, front. couverture illustrée. — Auguste Saulière. Les Leçons conjugales, contes lestes. Vignettes et eaux-fortes de Henry Somm. *Paris,* 1879, texte encadré d'un fil. r. front. et nombreuses eaux-fortes.

37. — en vers imités du Moyen de parvenir, par Autreau, Dorat, Grecourt, La Fontaine, B. de La Monnoye, Plancher de Valcour, Regnier, Vergier, etc. avec les imitations de M. le Comte de Chevigné et celles d'Epiphane Sidredoulx publiés par un membre de la Société des Bibliophiles gaulois. *Paris, Willem,* 1874, in-8, 29 vign. gr. sur bois, br.

> Tiré à *petit nombre* et non mis dans le commerce.
> Exemplaire sur PAPIER DE CHINE, avec une DOUBLE ÉPREUVE des vignettes tirée en BISTRE sur CHINE VOLANT.

38. CONTI (Prince de). Traité de la Comédie et des spectacles selon la tradition de l'Eglise, tirée des Conciles et des Saints Pères (par Armand de Bourbon, prince de Conty). *Paris, Billaine,* 1666, 3 parties en 1 vol. in-8, v. olive, dos orné, fil. dent. int. tr. dor. (*Andrieux.*)

> *Ex-libris* de VIOLLET-LE-DUC et de L. PASQUIER.

39. CORROZET (Gilles). Les Blasons domestiques. Nouvelle édition, publiée par la Société des Bibliophiles françois. *Paris,* 1865, in-16 de XIX pp. prél. et 48 ff. demi-rel. mar. r. avec coins, dos orné, fil. tête dor. non rog. (*Raparlier.*)

> Réimpression fac similée de l'édition de 1539, avec une Préface de M. Paulin-Paris.
> Un des 30 exemplaires sur PAPIER DE HOLLANDE.

40. COTIN. La Ménagerie. A son Altesse royale Mademoiselle de Montpensier, princesse de Dombes, etc. (par Cotin). *S. l. n. d. (Paris,* 1666), pet. in-12 de 92 pp. demi-rel. bas. r.

> Ouvrage rare et curieux; c'est un recueil d'injures, de traits piquants en prose, d'épigrammes en vers, dirigés contre Ménage.
> Exemplaire un peu court de marges.

41. COURRIER (Le) facétieux, ou Recueil des meilleures (*sic*) rencontres de ce temps. *Lyon, Claude La Rivière*, 1650, in-8, front. gr. mar. r. à long grain, chiffre couronné sur le dos, fil. à froid, dent. int. tr. dor. (*Schavye, relieur de S. M. le Roi des Belges.*)

Bel exemplaire au chiffre du Baron P. de LA VILLESTREUX.

42. COURTIN (A. de). Traité de la jalousie, ou Moyens d'entretenir la paix dans le mariage (par A. de Courtin). *Paris, Bordelet*, 1746, in-12, demi-rel. mar. r. dos orné, tr. peigne. (*Petit & Trioullier suc^rs de Simier.*)

43. CUBIÈRES (de). Les Hochets de ma jeunesse. *Amsterdam et Paris*, 1780, 2 parties en 1 vol. in-8, front. par David ajouté, vignette et cul-de-lampe par le même. demi-rel. mar. r. dos orné, fil. tr. peigne. (*Amand.*)

44. CURIOSITÉS diverses. — Réunion de 6 vol. in-12 et in-16, br.

Ludovic Lalanne : Curiosités littéraires ; Curiosités bibliographiques. *Paris*, 1857, 2 vol. — Curiosités philologiques, géographiques et ethnologiques. *Paris*, 1855. — Vins à la mode et cabarets au XVIIe siècle par Albert de la Fizelière. *Paris*, 1866, front. à l'eau-forte de Maxime Lalanne en 3 états. — Le Musée secret de Paris par Charles Monselet. *Paris, s. d.* — Léon de Fos. Gastronomiana, proverbes, préceptes et anecdotes en vers précédés de notes par Georges d'Heylly. *Paris*, 1870.

45. CYPRIEN (Saint). De la Singularité des clercs, ou l'obligation où sont les ecclésiastiques de vivre séparez des femmes, traduit de l'original latin avec des notes critiques, et une analyse complète de tout l'ouvrage. *Paris, Valleyre*, 1718, in-12, texte latin et traduction, v. ant. granit.

Le texte latin occupe les pages 153 à 220.

46. DELAUNAY (Em.). Banquet de la vie. *Paris, Librairie des Bibliophiles*, 1873. — Réunion de 7 plaquettes in-16, pap. vergé, br.

1. Absinthe. Épitaphes graduées à l'usage des veufs et des veuves. — 2. Le Potage printanier. Conseil aux fiancés. — 3. Le Melon. Madame et Monsieur, comédie conjugale. — 4. Les Petits radis roses. Bébés, suivi d'une comédie pour théâtre de Guignol. — 5. Les Merlans frits Κωρα Πχχςι. — 6. L'Olla-Podrida. La Cage de cristal ou la vengeance du Torréador de la Sierra-Nevada. — 7. Les Pigeons à la financière. La Tirelire, journal financier, ému et sympathique, donnant des consolations aux jeunes veuves qui ont perdu leur fortune à la Bourse.
Tirées à petit nombre.

47. DELEPIERRE (Octave). Macaronéana, ou mélanges de littérature macaronique des différents peuples de l'Europe. *Paris*, 1852, in-8, br.

48. DE LORME (T.). La Muse nouvelle, ou les agréables divertissemens du Parnasse. *Lyon, Coral*, 1665, in-12, front. gr. d'après N. Auroux, bas. brune, dos orné.

La Table est incomplète du dernier f.

49. DELVAU (Alfred). Dictionnaire érotique moderne, par un professeur de langue verte (Alfred Delvau), 2e édition. *Neuchâtel*, 1874, in-12, pap. vélin anglais, demi-rel. mar. La Vall. avec coins, dos orné, fil. tête dor. non rog.

Tiré à petit nombre. Incomplet du frontispice.

50. — Françoise. Chapitre inédit de l'histoire des Quatre Sergents de La Rochelle, avec une eau-forte d'Emille Therond. *Paris, Achille Faure*, 1865, in-16, pap. vélin, titre en r. et noir, front. gr. à l'eau-forte, demi-rel. chag. r. avec coins, dos orné, fil. tête dor. ébarbé.

EDITION ORIGINALE.

— 9 —

51. Des Lauriers. Les Nouvelles et plaisantes imaginations de bruscambille, en suitte de ses Fantaisies, par le S. D. L. Champ. (le Sr Des Lauriers, champenois). *Bergerac, Martin La Babille*, 1615, in-12 allongé, demi-rel. mar. r. à long grain, dos orné.

> Recueil fort curieux composé de 42 pièces satiriques, scatologiques et gaillardes. Le nom de *Bergerac*, qu'on lit sur le titre, n'est pas tout à fait supposé, car ce volume aurait été imprimé à *Bordeaux* par *Gilbert Vernoy* qui venait justement de quitter Bergerac où il était imprimeur.

52. Des Periers (Bonaventure). Les Contes, ou les Nouvelles récréations et joyeux devis. Nouvelle édition, augmentée et corrigée, avec des notes historiques et critiques par M. de La Monnoye. *Amsterdam, Chatelain*, 1735, 3 vol. in-12, front. gr. v. brun ant. dos orné. fil. dor. et comp. à froid.

53. Dessert (Le) des Muses, ou les Délices de la satyre galante, augmentés de plusieurs manuscrits non encor vûs. S. l. *Imprimé cette année*, 1621, in-12 de 152 pp. v. ant. marb. fil.

> Les pièces, qui composent ce recueil fort rare, sont extraites du *Banquet des Muses* d'Auvray.
> Exemplaire avec le titre réimprimé au siècle dernier. — *Ex-libris* ancien gravé et armorié.

54. Diderot. Les Bijoux indiscrets (par Denis Diderot). *Au Monomotapa (Paris, s. d.)*, 2 vol. in-18, front. et 5 fig. gr. v. ant écaille, dos orné, fil. tr. dor.

> Réimpression de l'édition de 1748, parue quelques années plus tard.

55. Doni. Les Mondes célestes, terrestres et infernaux. Le Monde petit, grand, maginé, meslé, risible, des sages et fols et le tresgrand, l'enfe, des escoliers, des mal mariez, des putains et rufflans, des soldats et capir taines poltrons, des piètres docteurs, des usuriers, des poètes et compositeurs ignorans; tirez des œuvres de Doni, Florentin, par Gabriel Chappuis Tourangeau, depuis reveuz, corrigez et augmentez du Monde de Cornuz, et de l'enfer des ingrats par F. C. T. (François Chappuis). *Lyons Barthelemy Honorati*, 1583, 2 parties en 1 vol. in-8, nombr. fig. sur bois, v. ant. granit, dos orné, fil. tr. marb.

> Edition rare de cet ouvrage singulier; elle renferme la seconde partie dans laquelle se trouve l'*Avare cornu*, comédie en cinq actes, en vers.

56. Dorat. Ouvrages divers. — Réunion de 7 ouvrages en 4 vol. in-8, front. fig. vign. et culs-de-lampe gr. v. ant. éc. dos orné, fil. tr. dor.

> Régulus, tragédie, et la Feinte par amour, comédie. *Paris*, 1782, front. par Marillier. — Le Célibataire, comédie. *Paris*, 1776, front. par Marillier. — Les Prôneurs, ou le Tartuffe littéraire, comédie. *Paris*, 1777, front. et 3 fig. par Marillier. — Le Malheureux imaginaire, comédie. *Paris*, 1777. — Adélaïde de Hongrie, tragédie. *Paris*, 1778, front. par Marillier. — Le Chevalier Français à Londres, comédie. *Paris*, 1779. — Mes Fantaisies. *Paris*, 1770, front. par Eisen.

57. Douze (Les) Dames de rhétorique, publiées pour la première fois d'après les manuscrits de la Bibliothèque Royale avec une introduction, par Louis Batissier et ornées de gravures par Schaal. *Moulins, Desrosiers*, 1838. pet. in-fol. titre gr. texte encadré et 14 pl. gr. demi-rel. mar. violet à long grain, non rog.

> Tiré à petit nombre.

58. Du Coudray. Almanach conteur, ou Mes trente-six contes, et tes trente-six contes, avec un Essai sur le conte... (par Chevalier, dit Du Coudray). *Paris, Merigot*, 1782, pet. in-8, 1 pl. gr. par Scotin, demi-rel. mar. r. avec coins, dos orné, fil. tr. dor.

> Rare.
> Exemplaire incomplet du frontispice, de 3 pl. des pages 99 à 102 et de la Table qui sont remplacés par des ff. manuscrits.

59. Du Fail (Noël). Les Contes et discours d'Eutrapel. S. l. (Paris), 1732, 2 vol. in-12, titre r. et noir, v. f. dos orné, dent. tr. dor. (Ducastin.)

> Jolie réimpression d'une des éditions de Rennes. — Elle est suivie des Discours d'aucuns propos rustiques facétieux... du même auteur.
> Exemplaire de J. Liber.

60. Dujardin. La Vie de Pierre Arétin, par M. de Boispréaux (B. Dujardin). La Haye, Neaulme, 1750, pet. in-12, portrait d'après le Titien et 3 pl. de médailles gr. par Fessard, v. moderne marb. dos orné, fil. dent. int. tr. dor.

> Bel exemplaire.

61. Dulaurens. Les Abus dans les cérémonies et dans les mœurs développés par Mr. L*** (l'abbé Du Laurens) auteur du Compère Mathieu, trouvés en manuscrit dans son portefeuille après sa mort. Paris, 1788, in-12, demi-rel. mar. r. dos orné, tête dor. non rog.

62. — La Chandelle d'Arras, poëme en XVIII chants (par Henr. Jos. Dulaurens). Nouvelle édition... Paris, Egasse, 1807, pet. in-8, front. et 18 pl. par Desrais, gr. par Tassaert ou non signées, demi-rel. bas. rac. dos orné.

> La meilleure édition de cet amusant poème.

63. Durant. Paradoxe de Jaq. Himbert Durant, S. Des Pleiyades, que la vertu n'est point médiocrité entre deux vices extrêmes. Paris, Mat. Guillemot, 1604, pet. in-16 de 132 ff. ch. vélin.

> Rare.
> Cachet sur le titre.

64. Erasme. L'Eloge de la folie, composé en forme de déclamation, traduit par Mr Gueudeville, avec les notes de Gérard Listre & les belles figures de Holbein... Nouvelle édition. Amsterdam, L'Honoré, 1731, in-12, front. portr. pl. et fig. gr. sur cuivre, v. ant. jaspé.

> Edition recherchée pour les figures d'Holbein dont elle est ornée.

65. Estienne (Henri). Apologie pour Hérodote, ou Traité de la conformité des merveilles anciennes avec les modernes. Nouvelle édition, faite sur la première augmentée de tout ce que les postérieures ont de curieux, et de remarques par M. Le Duchat. La Haye, Scheurleer, 1735, 3 vol in-12, 3 front. gr. v. ant. granit, dos orné.

> Edition préférable aux précédentes à cause des notes qu'elle renferme.

66. Fantaisiste (Le). Magazine bibliographique, littéraire, philosophique et artistique. Reproduction de pièces anciennes ou récentes, désopilantes et curieuses... publié par la Société des Bibliophiles cosmopolites. San Remo, Gay, 1873-74, 2 vol. pet. in-12, 1 pl. et portrait gr. à l'eau-forte sur Chine volant, demi-rel. mar. bleu avec coins, tête dor. ébarbé.

> Tiré à 200 exemplaires.

67. Favoral. Les Plaisantes journées où sont plusieurs rencontres subtilles pour rire en toutes compagnies. Paris, J. Corrozet, 1620, pet. in-12 de 144 pp. v. f. ant. dos orné, fil. dent. int.

68. Féline (le P.). Catéchisme des gens mariés (par le P. Féline, missionnaire à Bayeux). S. l. n. d. (Caen, Le Roy, 1782), in-12 de 53 pp. demi-rel. mar. vert avec coins, dos orné, fil. tête dor. ébarbé.

> L'autorité ecclésiastique supprima soigneusement cet ouvrage à cause de quelques détails trop libres qui se trouvent mélangés aux préceptes moraux et religieux.

69. FEMMES (Ouvrages sur les). — Réunion de 7 vol. in-8 et in-12, dont
1 cart. 1 en demi-rel. v. brun, 2 br. et 3 en v. ant.

> L'Art de rendre les femmes fidelles par M*** . *Paris*, 1713. — La Femme foible, par Madame
> de S*** (Drouet de Maupertuis). *Nanci*, 1714. — Vénus physique (par Moreau de Maupertuis).
> *S. l.* 1745. — Lettres sur le pouvoir de l'imagination des femmes enceintes (par Isaac Bellet).
> *Paris*, 1715. — Plaidoyer de Mr. Freydier, avocat à Nismes contre l'introduction de cadenas,
> ou ceintures de chasteté. Réimpression par Philomneste junior (Gustave Brunet). *Paris, Gay*,
> 1863. — Essai sur le genre d'instruction qui paroît le plus analogue à la destination des Fem-
> mes, par Antoinette Legroing-La-Maisonneuve. *Paris*, 1799. — Essai sur la santé des filles
> nubiles, par P. Virard. *Londres et Paris*, 1776.

70. — Ouvrages sur les femmes. — Réunion de 6 vol. in-8 et in-12, dont
3 br. et 3 rel. en v. ant. ou demi-rel.

> Essai sur la santé des filles nubiles par P. Virard. *Londres*, 1779. — Pensées sur les femmes
> et le mariage, par un vieux militaire. *Kehl*, 1782, 3 parties en 1 vol front. — La Luciniade,
> poëme en dix chants sur l'art des accouchements, par le citoyen Sacombe. *Paris*, 1799, portr.
> — Projet d'une loi portant défense d'apprendre à lire aux femmes, par S** M*** (Sylvain Ma-
> réchal). *Paris*, 1801. — Récit exact de ce qui s'est passé à la Société des observateurs de la fem-
> me le mardi 2 novembre 1802. *S. l. n. d.* — P. J. Martin et Larcher. Le mal que les poëtes ont
> dit des femmes. *Paris*, 1858.

71. FERRAND. Pièces libres et poésies de quelques auteurs sur divers sujets.
Londres, 1760, pet. in-8, fleuron gr. demi-rel. chag. r. avec coins, dos
orné.

> Aux pièces de Ferrand, qui ne vont pas au delà de la p. 20, sont ajoutées le *Luxurieux* de
> Legrand ; l'*Origine des oiseaux, ou les Amours du Soleil et de Vénus* ; Le *Mondain*, (par Vol-
> taire) ; etc.

72. FERTIAULT. Les Amoureux du livre, sonnets d'un bibliophile, fantaisies,
commandements du bibliophile, bibliophiliana, notes et anecdotes. Préface du bibliophile Jacob (P. Lacroix), seize eaux-fortes de Jules Che-
vrier. *Paris, Claudin*, 1877, gr. in-8, pap. vergé, front. pl. et vign. gr. à
l'eau-forte, br.

73. FOLENGO. Histoire maccaronique de Merlin Coccaie (Théophile Folengo),
prototype de Rablais (sic)... plus l'horrible bataille advenuë entre les
mousches & les fourmis. *Paris, Du Bray*, 1606, 2 vol. in-12, v. f. ant.
dos orné.

> PREMIÈRE ÉDITION de la traduction française.

74. GAY (Jules). Bibliographie des ouvrages relatifs à l'amour, aux femmes,
au mariage, et des livres facétieux, pantagruéliques, scatologiques, satyriques, etc. par M. le C. d'I*** (Jules Gay). 3e édition. *Turin et Londres*,
1871-73, 6 vol. in-12, demi-rel. mar. brun avec coins, dos orné, fil.
tête dor., ébarbé.

> Bel exemplaire.

75. GOMBAULD (Ogier de). Les Epigrammes. Nouvelle édition, donnée aux
frais et par les soins de J. V. F. Liber. *Lille, Béhague*, 1861, in-12, pap.
vergé, demi-rel. mar. bleu avec coins, dos orné, fil. tête dor. non rog.
(*David.*)

> Tiré à 100 exemplaires.

76. GRAAF (Regnier de). Opera omnia. *Lugd. Batav. ex officina Hackiana*,
1677, in-8, titre-front. portrait, pl. et fig. à pleine page, gr. en taille-
douce, vélin.

> Livre singulier et rare.
> Cassures à quelques pl. et tache à la marge inférieure de plusieurs ff.

77. GRAESSE (le Dr). Notice sur les écrivains érotiques du XVe siècle et du commencement du XVIe ; extrait de l'ouvrage allemand du docteur Graesse de Dresde « Histoire universelle de la littérature », traduit par un bibliophile Français. *Bruxelles, Mertens*, 1865, in-12, pap. vergé, demi-rel mar. bleu, dos orné, fil. tête dor. non rog.

> Tiré à 150 exemplaires numérotés (nº 11).

78. GRÉCOURT. Œuvres diverses. Nouvelle édition, soigneusement corrigée, et augmentée d'un grand nombre de pièces qui n'avoient jamais été imprimées. *A Luxembourg*, 1761, 4 vol. in-12, portr. par Garand, 3 front. et fleurons par Eisen, v. f. ant. dos orné à petits fers. (*Padeloup*.)

> Bel exemplaire.

79. — Philotanus, poème par Mr. l'abbé G. (Grécourt). — In-8 de 23 ff. demi-rel. cuir de R. avec coins, dos orné.

> MANUSCRIT du XVIIIe siècle.

80. GUICHARD (A.-C.). Le Code des femmes, ou récits et entretiens sur leurs droits et privilèges, par un Avocat (Aug.-Ch. Guichard). *Paris, Porthmann*, 1823, in-8, titre lithog. mar. bleu à long grain, dos orné, dent. milieu à froid, monogramme au centre des plats, tr. dor.

> EDITION ORIGINALE.
> Bel exemplaire portant au bas de la dédicace la SIGNATURE AUTOGRAPHE de l'auteur.

81. HAMILTON (Ant.). Mémoires du Comte de Grammont. *Paris, Menard et Desenne*, 1819, 2 vol. in-16, 8 pl. gr. d'après Choquet, v. rose, dos orné, dent. et comp. à froid, tr. dor. (*Thouvenin*.)

> Bel exemplaire.

82. HEURES (Les) perdues de R. D. M. cavalier françois, dans lequel les esprits mélancoliques trouveront des remèdes propres pour dissiper ceste fascheuse humeur. *S. l.* 1616, in-12, vélin.

> Recueil de nouvelles et anecdotes facétieuses dont l'auteur est demeuré inconnu.
> La marge inférieure du titre est refaite ; les pp. 227 à 230 manquent.

83. HONNESTE (L') femme. *Paris, Billaine*, 1633, pet. in-8, vélin.

> L'Epître à Mme de Combalet est signée D. P. C'est sans doute le même ouvrage que l'*Honneste femme victorieuse des passions*, par le R. P. Du Bosc, cordelier.
> Noms mss. au vº du titre. — Mouillure.

84. JOHNSON (Abr.). Lucina sine concubitu, ou la Génération solitaire. — L'Homme machine, par La Mettrie. — *Paris, Frédéric Henry*, 1865. — Ens. 2 vol. in-16, carré, pap. vergé, demi-rel. mar. vert, non rog.

> Ouvrages curieux, publiés sous le titre de *Singularités physiologiques* avec introductions et notes par J. Assezat.

85. JOUBERT (Laurent). La Première et seconde partie des erreurs populaires, touchant la médecine et le régime de la santé... avec plusieurs autres petits traictez... *Paris, Claude Micard*, 1587. 2 parties en 1 vol. in-8, titre avec encadrement sur bois, v. f. dos orné. — Partie troisième des erreurs populaires, touchant la médecine et régime de santé, en suite de celles de M. Laurens Joubert, par Gaspard Bachot. *Lyon, Vve Th. Soubron*, 1626, in-8, v. ant. marb. — Ens. 2 vol.

> Ouvrages rares et des plus curieux, difficiles à réunir. Ils traitent des questions les plus diverses et parfois les plus inattendues. Quelques titres de chapitres en donneront une idée : D'une bonne femme qui fit manger à son mary un de ses t......les pensant qu'il seroit autant gaillard qu'auparavant. — Il n'y a meilleur remède à la ladrerie que la castration. — Femelle est un masle mutilé et imparfait. — Hômes et femmes qui ont vescu sans manger ÷ plusieurs jours et années. — Le p......ge d'une fille mal-aisément se cognoist. S'il est bien dit aux mois sans R peu embrasser et bien boire. — Opinion d'une femme qu'il faut demeurer au lict tout le long du mois de mars et de septembre pour éviter tous les maux de l'année. — S'il est vray que les dents allongissent de faim. — Etc., etc.

86. **La Mothe Le Vayer.** Hexameron rustique, ou les Six journées passées à la campagne entre des personnes studieuses. *Amsterdam, Pierre Mortier (à la Sphère)*, 1698, pet. in-12, front. gr. v. ant. marb. dos orné, fil.

> Exemplaire aux armes du duc d'Aumont. — *Ex-libris* G. Moreau-Chaslon.
> Le dos de la reliure est refait.

87. **Lando (Hortensius).** Questions diverses et responses d'icelles, divisées en trois livres, à sçavoir : questions d'amour, questions naturelles, questions morales et politiques. Nouvellement traduites de tuscan (d'Hortensius Lando) en françoys. *Paris, Robert Le Mangnier*, 1572, in-16, v. f. dos orné, fil. dent. int. tr. dor. (*Bedford.*)

> Petit livre très rare.
> Bel exemplaire de R.-S. Turner.

88. **Larcher.** Mémoire sur Vénus, auquel l'Académie Royale des inscriptions et belles-lettres a adjugé le prix de la Saint-Martin 1775. *Paris, Valade*, 1775, in-12, cart. non rog.

> Bel exemplaire non rogné.

89. **La Sablière.** Madrigaux Nouvelle édition. *Paris, Duchesne*, 1758, in-16 carré, mar. r. dos orné, fil. tr. dor. (*Rel. anc.*)

> Jolie édition dont chaque page est ornée d'encadrements et de fleurons tirés en rouge.

90. **Le Blanc (le P. Th.).** La Direction et la consolation des personnes mariées, ou les Moyens infaillibles de faire un mariage heureux d'un qui serait malheureux, avec l'abrégé des vies de quelques Saincts et de quelques Sainctes, qui ont beaucoup souffert dans leurs mariages... *Paris, Gilles André*, 1664, in-12, front. gr. mar. violet. dos orné, fil. dent. int. tr. dor.

> Livre rare et curieux

91. **Lenfant (Jacques).** Poggiana, ou la Vie, le caractère, les sentences et les bons mots de Pogge Florentin, avec son histoire de la République de Florence, et un supplément de diverses pièces importantes (par Jacques Lenfant). *Amsterdam, Pierre Humbert*, 1720, 2 vol. pet. in-8. portr. gr. v. ant. granit.

92. **Le Pays.** Amitiez, Amours et amourettes. *Lyon, J.-B. De-Ville*, 1671, in-12, front. gr. demi-rel. v. f. dos orné.

> Lettres en prose et en vers écrites avec facilité et un certain enjouement. — Les pp. 137 à la fin du vol. contiennent le *Portrait de l'Auteur des Amitiez, amours et amourettes, envoyé à Son Altesse Madame la Duchesse de Nemours...*

93. **Liber (J.-V.-F.).** Les Pantagruéliques, contes du pays Rémois. 3e édition. *Turin, Gay*, 1871, in-16, portr. mar. grenat, dent. int. tr. dor. (*Petit, succr de Simier.*)

> Tiré à petit nombre.
> Exemplaire de l'auteur, un des deux tirés sur papier de Chine, avec son emblème frappé en or sur les plats de la reliure.

94. **LIGNE (le Prince Charles-Joseph de).** Recueil de poésies légères. S. l. n. d. 3 vol. in-18, v. ant. écaille, dos orné, fil. tr. dor.

> Ouvrage rarissime, sorti de l'imprimerie établie vers 1780, par le prince de Ligne, dans sa magnifique résidence de Bel-Œil. Il se divise en trois parties de 168, 219 et 82 pp. sans aucun titre, ainsi que l'indique le premier f. de l'ouvrage : *Point de titre, point de préface.*
> Tiré à très petit nombre, ce recueil est devenu introuvable aujourd'hui et le présent exemplaire serait un des trois seuls connus. — Barbier (*Dict. des Anonymes*, IV, 86) n'en signale même aucun exemplaire complet et parle de deux amateurs dont l'un possédait les tomes I et II et l'autre le tome III de ce précieux recueil.

95. **Malo** (Ch.). Livre Mignard, ou la Fleur des fabliaux (par Ch. Malo.) *Paris, Janet, s. d.* (1826), in-12, front. et 6 pl. gr. et coloriées, demi-rel. v. f. avec coins, dos orné, fil. tête dor. non rog. *(Petit, Succr de Simier.)*

Édition originale de ce choix de contes et de fabliaux les plus gracieux des XIe au XIIIe siècles.

96. **Maréchal** (Sylvain). Bibliothèque des amans. Odes éro... par M. Sylvain M*** (Sylvain Maréchal). *Paris, Ve Duchesne, s. d.* (1777), in-16. front. gr. mar. vert, dos orné, fil. tr. dor. *(Rel. anc.)*

97. **Mariage** (Ouvrages sur le). — Réunion de 7 vol. in-8 et in-12, dont 2 br. 1 en demi-rel. bas. brune avec coins, et 4 en v. ant. marb.

Satyre Menippée, ou discours sur les poignantes traverses et incommodités du mariage, par Thomas Sonnet, sieur de Courval. *Bruxelles,* 1864. — Du bonheur et du malheur du mariage, par le sieur de Mainville. *Paris,* 1688. 2 tomes en 1 vol. — Traité de la dissolution du mariage pour cause d'impuissance (par Hotman) avec quelques pièces curieuses sur le même sujet (par le Président Bouhier). *Luxembourg (Dijon),* 1735. — Essai sur la santé et sur l'éducation médicinale des filles destinées au mariage par M. Venel. *Yverdon,* 1776. — De l'Homme et de la femme considérés physiquement dans l'état du mariage par M. de Lignac. *Lille,* 1774, titre et 3 pl. gr.

98. — Ouvrages sur le Mariage. — Réunion de 5 vol. in-8 et in-12, dont 1 cart. dos de perc. verte et 4 br.

Cérémonies nuptiales des peuples anciens et modernes par Ch. Laumier. *Paris,* 1830. — Grammaire conjugale... par un petit-cousin des Lovelaces. *Paris, Bréauté* (1827). — Correspondance joviale à propos de mariage par Georges Kelb. *Paris,* 1863. — Les Nuits d'épreuve des villageoises allemandes avant le mariage. *Bruxelles, Poiré,* 1877, front. gr. à l'eau-forte. — Larcher et P. J. Jullien. Ce qu'on a dit du mariage et du célibat. Opinions, jugements et contradictions. Le Bonheur dans le mariage. Le Mariage et l'Amour. *Paris,* 1858.

99. **Marot** (Clément). Œuvres... avec les ouvrages de Jean Marot son père, et ceux de Michel Marot son fils, & les pièces du Different de Clement avec François Sagon, accompagnées d'une préface historique et d'observations critiques (par Nic. Lenglet du Fresnoy). *La Haye, Gosse & Neaulme,* 1731, 6 vol. in-12, portrait gr. d'après Fillœul, v. f. ant.

Jolie édition.
Cassure raccommodée au titre du tome I.

100. **Marottes** à vendre ou Triboulet tabletier, dont la gibecière, après avoir été égarée pendant plusieurs siècles, nous est enfin heureusement parvenue, munie d'un rare assemblage de hochets, breloques, colifichets et babioles de toutes espèces... *Au Parnasse burlesque, ex officinâ de la Banque du Bel Esprit (Londres, Impr. Harding et Wright,* 1812), in-12, pap. vélin, mar. orange, dos orné, fil. dent. int. tr. dor. *(David.)*

Bel exemplaire.

101. **Martial** d'Auvergne. Les Arrets d'amours, avec l'Amant rendu Cordelier à l'observance d'amours... accompagnez des commentaires juridiques et joyeux de Benoit de Court. Dernière édition... *Amsterdam, Changion,* 1731, in-12, v. f. ant. dos orné, fil.

Bonne édition.

102. — Droictz nou||veaulx et Arrestz || damours publiez par Mess|| sieurs les Sénateurs du parlemêt de Cupido, || sur lestat & police damour pour avoir en|||tendu le different de plusieurs amoureux & || amoureuses.|| *Paris, Alain Lotrian,* 1541, in-8 de 119 ff. ch. et 1 f. blanc, fleuron et 54 vign. gr. sur bois dont quelques-unes répétées, mar. violet, dos orné, fil. dent. int., tr. dor. *(Hagué.)*

Livre rare renfermant sous un nouveau titre les 52 Arrestz d'amours de Martial d'Auvergne et les Ordonnances sur le faict des Masques. Il est orné de 54 figures sur bois dont quelques unes répétées.
Exemplaire du célèbre érudit P.-J. Grosley, avec sa signature autographe sur le titre. Il provient en dernier lieu de la bibliothèque de P. Desq.

103. **Maugin** (J.). Le Livre du nouveau Tristan, Prince de Leonnois, chevalier de la table ronde, et d'Yseulte, princesse d'Yrlande, et Royne de Cornoüaille, fait françois, par Jean Maugin, dit l'Angevin. *Lyon, Benoist Rigaud*, 1577, 1 tome en 2 vol. in-16, mar. r. dos orné, fil. tr. dor. *(Rel. anc.)*

Ex-libris gravé et armorié de GIRARDOT DE PRÉFOND.
Ecorchure à un des plats de la reliure.

104. **Maynard.** Les Œuvres (avec une préface par Marin Le Roy de Gomberville). *Paris, Aug. Courbé*, 1646, in-4, portrait gr. vélin.

EDITION ORIGINALE.

105. **Méray** (Antony). La Vie au temps des libres prêcheurs, ou les Devanciers de Luther et de Rabelais, croyances, usages et mœurs intimes des XIVe, XVe et XVIe siècles. Seconde édition, entièrement refondue et considérablement augmentée. *Paris, Claudin*, 1878, 2 vol. in-8, pap. vergé, front. br.

106. **Monnier** (Ant.). Eve et ses incarnations. Sonnets et eaux-fortes, avec préface par Tony Révillon et prologue par Prosper Blanchemain. *Paris, Willem*, 1878, in-8, pap. vélin, 12 pl. gr. à l'eau-forte, br.

Tiré à petit nombre.

107. **Monselet** (Charles). Rétif de La Bretonne, sa vie et ses amours. Documents inédits, ses malheurs, sa vieillesse et sa vie, ce qui a été écrit sur lui... *Paris, Aubry*, 1858, in-8, portrait par Binet, gravé par Nargeot, demi-rel. mar. violet, dos orné, fil. tête dor. non rog.

Tiré à petit nombre.

108. **Montesquieu.** Le Temple de Gnide, suivi d'Arsace et Isménie. *Paris, Didot, an IV* 1796, in-18, portr. de Montesquieu par A. Saint-Aubin sur le titre, et 12 pl. de Regnault et de Le Barbier, gr. à l'eau-forte par Bertaux, v. f. dos orné, fil. dent. et comp. à froid, tr. marb.

Jolie édition très recherchée.
Exemplaire sur PAPIER VÉLIN.

109. **Moreau** de la Sarthe (J.-L.). Histoire naturelle de la femme, suivie d'un Traité d'hygiène appliquée à son régime physique et moral aux différentes époques de la vie. *Paris, Duprat*, 1803, 3 vol. in-8, 11 pl. gr. v. f. dos orné, dent. tr. dor. *(Thouvenin.)*

Très bel exemplaire.

110. **Moulinet** (Nicolas de). La vraye Histoire comique de Francion, soigneusement revüe et corrigée dans cette nouvelle édition. *Leyde, Drumond*, 1721, 2 vol. in-12, front. et 11 pl. gr. v. ant.

Ouvrage rare, attribué à Ch. Sorel.

111. **Muses** (Les) du foyer de l'Opéra. Choix des poésies libres, galantes, satyriques et autres, les plus agréables qui ont circulé depuis quelques années dans les Sociétés galantes de Paris. *Au Caffé du Caveau*, 1783, in-8, demi-rel. chag. noir, dos orné, non rog.

112. **Nodier** (Ch.). Histoire du Roi de Bohême et de ses sept châteaux. *Paris, Delangle*, 1830, in-8, nombr. vign. gr. sur bois par Porret d'après Tony Johannot, demi-rel. mar. violet avec coins, dos orné, fil. tr. peigne. *(Raparlier.)*

EDITION ORIGINALE.
Portrait lithographié de Ch. Nodier ajouté.

113. NOGARET. Le Fond du sac, ou Restant des babioles de M. X*** (Xanfer-ligote, pseudonyme de Félix Nogaret), membre éveillé de l'Académie des Dormans. *Venise, Pantalon-Phébus, (Paris, Cazin,)* 1780, 2 vol. in-18, 1 front. et 9 vign. gr. cart. non rog.

> ÉDITION ORIGINALE de ce recueil de petites pièces en vers et en prose. Les figures non signées sont du dessinateur miniaturiste Durand.
> Exemplaire ENTIÈREMENT NON ROGNÉ.

114. NOUVEAU (Le) Cabinet des Muses. *Paris, Vve Pepingué,* 1658, in-12 de 6 ff. prél. non ch. 70 pp. et 1 f. pour le Privilège, demi-rel. mar. violet, dos orné.

> Le Sieur De Lamathe, qui a signé l'épitre dédicatoire, donne avis au lecteur que toutes les pièces qui composent ce recueil (rare et passablement licencieux) ne sont pas de lui, mais « *qu'elles sont si adroitement mêlées qu'on en recevra quelque contentement* »
> Bel exemplaire.

115. — Cabinet des Muses gaillardes réimprimé sur l'édition originale de 1665, sans nom de lieu ni d'éditeur avec une notice bibliographique (par Paul Lacroix). *Genève, Gay,* 1867, in-18. pap. de Holl. demi-rel. mar. vert, dos orné, non rog. (*Heldl.*)

> Tiré à 100 exemplaires numérotés.

116. NYMPHES (Les) du Palais-Royal ; leurs mœurs, leurs expressions d'argot, leur élévation... par P. Cuisin. *Paris, Roux,* 1815, in-18, front. gr. et plié. br. — La Vie de garçon dans les hôtels garnis, ou Cujas, Escu-lape et l'Amour... par un Parasite logé à Pouf au grenier. Deuxième édition. — Les Farces nocturnes des contrebandiers et des fraudeurs... par un ancien Douanier. *Paris,* 1821-1823, 2 ouvrages en 1 vol. in-12, 2 front. gr. et pliés, demi-rel. v. brun avec coins, dos orné. — Inventaire de la chambre d'un garçon. *Paris, Dupont,* 1828, in-12, demi-rel. v. brun, dos orné. — Ens. 4 ouvrages en 3 vol.

117. ŒUVRES diverses du Sr. D** avec un recueil de poésies choisies de Mr de B*** (De Blainville). *Amsterdam, Frisch et Bohm,* 1714, 2 tomes en 1 vol. in-12, front. gr. demi-rel. mar. r. dos orné, tête dor. ébarbé.

> Cette édition est augmentée de *Rome, Paris et Madrid ridicules,* et de quelques épi-grammes.

118. OLIVIER (Jacques). Alphabet de l'imperfection et malice des femmes, reveu, corrigé & augmenté d'un friant dessert et de plusieurs histoires pour les courtisans & partisans de la femme mondaine. *Rouen, Ferrand,* 1631, in-12, fleuron gr. v. brun ant.

> Ouvrage rare et singulier. — D'après Paul Lacroix, l'auteur aurait eu en vue la reine Marguerite de France, première femme de Henri IV, en dédiant son livre « *A la plus mauvaise du monde* ». On la reconnaît non seulement à la vignette qui orne le titre, mais encore au portrait satirique que l'auteur s'est plu à tracer d'elle, sans la nommer, dans l'Epître dédi-catoire où il l'appelle « *la plus imparfaicte créature. de l'univers, l'escume de nature, le sémi-naire de mal-heures, la source de querelles,* etc. »
> Le titre est doublé.

119. OUVILLE (D'). Les Contes. Nouvelle édition. *Amsterdam, Desbordes,* 1732 2 vol. in-12, demi-rel. chag. La Vall. dos orné, tr. peigne.

> Cassure raccommodée à la p. 192 du tome II.

120. OVIDE. Les Œuvres galantes et amoureuses, contenant l'Art d'aimer, le Remède d'amour, les Epîtres & les Elégies amoureuses. Nouvelle édi-tion (traduite en vers français par l'abbé Jean Barrin). *Amsterdam, du fonds des Elzevirs,* 1770, 2 vol. in-12, 2 front. gr. par Danzel, mar. vert, dos orné, fil. tr. dor. (*Rel. anc.*)

121. Panckoucke (A.-J.). L'Art de désopiler la rate, sive de modo C. prudenter, en prenant chaque feuillet pour se t. le d. entremêlé de quelques
bonnes choses. *A Gallipoli de Calabre, l'an des folies 175886-175887 (1756-
57)*, 2 vol. in-12, v. ant. marb.

> Curieux mélange de renseignements bibliographiques, d'extraits de livres rares, singu
> liers et peu connus, et même de quelques morceaux scatologiques.
> On a relié à la suite du tome II : " *Histoire de Guillaume* " (par le comte de Caylus, ou le
> comte de Maurepas). S. l. n. d. (*Paris*), curieux titre-front. gr. — C'est la narration d'un
> cocher de place racontant les aventures grivoises dont il a été témoin.

122. Papillon (Marc de). Les Gaillardes poésies du capitaine Lasphrise (Marc
de Papillon), publiées d'après les éditions de 1597 et de 1599, par un
membre de la Société des Bibliophiles gaulois (M. Prosper Blanchemain.). *Turin. Gay*, 1870, in-16, pap. vélin anglais. portrait en photogravure, demi-rel. mar. bleu, dos orné, non rog.

> Ouvrage tiré à cent exemplaires avec le portrait en double épreuve dont une sur Chine
> volant.

123. Parny (Evariste). Œuvres. *Paris, Debray*, 1808, 5 vol. in-12, br.

> Le tome V contient la *Guerre des dieux*.

124. Passe-temps (Le) Royal de Versailles, ou les Amours secrètes de Madame
de Maintenon sur de nouveaux Mémoires très curieux. Revû et augmenté
de plusieurs particularitez, etc. *Cologne, Pierre Marteau*, 1712. in-12 de
118 pp. front. gr. mar. r. dos orné. fil. dent. int. tr. dor. (*Koehler*).

> Bel exemplaire de Ch. Nodier.

125. Petit-Neveu (Le) de Bocace, ou Contes nouveaux en vers (par Pluchon,
Peluchon ou Pelluchon-Destouches). Nouvelle édition. revue, corrigée et
augmentée de deux volumes, par M. Pl. D. *Amsterdam (Montargis)*, 1787,
3 vol. in-8, v. ant. marb. dos orné, fil.

> Exemplaire d'A. Dinaux, sur papier rose.

126. Pièces désopilantes recueillies pour l'esbatement de quelques pantagruélistes. *A Paris, près Charenton chez un libraire qui n'est pas triste
(Bruxelles, Gay)*, 1866, in-12, pap. de Holl. demi-rel. mar. vert avec
coins, dos orné, fil. tête dor. non rog.

> Recueil contenant 15 pièces diverses et 11 mazarinades, choisies parmi les plus piquantes
> et les plus hardies formé par J. Gay aidé de plusieurs bibliophiles avec la collaboration de
> M. G. Brunet.
> Tiré à 150 exemplaires numérotés (n° 79).

127. — échappées du feu (ou Recueil de diverses pièces en prose et en vers,
savoir : Polichinelle demandant une place à l'Académie attribué à Malezieu : remarques sur l'Angleterre, faites en 1713, attribuées à Dubois de
Saint-Gelais: Histoire de Léonice et de Mendosa. par M. de S***: des lettres,
des contes et des poésies diverses : le tout recueilli par de Sallengre). *Plaisance (Hollande)*, 1717, pet. in-8, mar. La Vall. fil. à froid, dent. int.
tr. dor.

> Bel exemplaire.

128. — facétieuses. — Réunion de 9 pièces en 1 vol. pet. in-8, demi-rel. mar.
r. avec coins, dos orné, ébarbé.

> Réimpressions du XVIII° et des premières années du XIX° siècle des pièces suivantes :
> Procez et amples examinations sur la vie de Caresme-Prenant... — Traicté de mariage entre
> Julian Peoger dit Janicot. & Jacqueline Papinet sa future espouse. — La Copie d'un bail et
> ferme faicte par une jeune dame de son c... — La Raison pourquoy les femmes ne portent
> barbe au menton... — La Source du gros f..., des nourrices... — La Source et origine des
> c... sauvages... — La grande et véritable pronostication des c... sauvages... — Sermon
> joyeux d'un dép... de nourrices. — Le Dict des Pays ioyeulx...
> Un des 30 exemplaires (n° 15) où se trouve la dernière pièce.

129. Pithois (Claude). L'Apocalypse de Méliton, ou Révélation des mystères cénobitiques. *Saint-Leger, Noël & Jaques Chartier*, 1662, pet. in-12, front. gr. vélin à recouvr.

> ÉDITION ORIGINALE sortant des presses de la veuve de Jean Elzevier à Leyde. C'est une satire dirigée contre les moines, par Claude Pithois, religieux minime converti au protestantisme.
> Hauteur : 131 mill. — Très légère piqûre de ver raccommodée à la marge inférieure des premiers ff.

130. Poésies (Les) gaillardes, galantes et amoureuses de ce temps. *S. l. n. d. Imprimé cette année*, in-12, front. gr. 1 f. prél. pour le titre et 92 pp. mar. r. dos orné, fil. dent. int. tr. dor. (*Brany.*)

> Recueil de poésies licencieuses et satiriques édité par Colletet et imprimé à Rouen vers 1650 (?)
> Bel exemplaire.

131. — satiriques, légères, etc. — Réunion de 7 vol. in-12 et in-18, dont 2 br. et 5 en demi-rel ou rel. v. ant.

> Satires de Dulorens. Édition de 1646, précédée d'une notice littéraire par E. Villemin. *Paris*, 1869, pap. vergé, portr. — Le Nouveau Juvénal satirique pour la réformation des mœurs et des abus de notre siècle (par Louis Petit). *Utrecht*, 1716. — Amusemens poétiques, par M. Légier. *Londres et Paris*, 1769. — Le Parnasse libertin, ou Recueil de poésies libres. *A Paillardisoropolis, chez Le Dru, à l'enseigne de Priape*, 1772. — Poésies satyriques du dix-huitième siècle (publiées par Sautereau de Marsy). *Londres (Paris, Cazin)*, 2 vol. 2 front. par Marillier. — Porte-feuille volé, contenant : le Paradis perdu, les Déguisemens de Vénus, les Galanteries de la Bible (par le chevalier de Parny). *Paris*, 1805.

132. Poètes modernes. — Réunion de 9 vol. in-8, in-12 et in-16, dont 1 cart. et 8 br.

> Le Dessert. Contes en vers et poésies diverses, par M.-J.-C. Vial. *Paris*, 1833, front. — Fanfreluches poétiques, par un Malagraboliseur (Van den Zande). *Paris*, 1845. — Fables (par le même). *Paris*, 1849. — La Plume et l'épée, par Claudia Bachi. *Paris*, 1854. — Les Perles de rosée, par Émilien d'Aulnay. *Paris*, 1854. — Alphonse Balder. Jambes et cœurs, poésies. *Paris*, 1860. — Les Épaves du matin, poésies par M. Jacques Guillemaud. *Lyon*. 1861. — Heures d'amour par Hippolyte Lucas. *Paris, Gay*, 1851. — Fantaisies de jeunesse par Albert Millaud. *Paris*, 1866, 2 eaux-fortes par M. H. de Hem.
> La plupart de ces ouvrages sont *tirés à petit nombre.*

133. Pogge. Les Contes avec des réflexions. *Amsterdam, Bernard*, 1712, pet. in-12, v. ant. marb. dos orné.

> Édition préférée de cette traduction, à cause des réflexions libres et satiriques qui accompagnent le texte, et que l'on attribue à David Durand ou à Lenglet-Dufresnoy; selon Barbier, elles seraient de J. Fréd. Bernard, l'éditeur de cet ouvrage.
> Le faux-titre manque.

134. Pompery (Édouard de). La Femme dans l'humanité, sa nature, son rôle et sa valeur sociale. *Paris, Hachette*, s. d. in-8, demi-rel. mar. r. avec coins, tête dor. non rog.

135. Porte-feuille d'un Talon rouge, contenant des anecdotes galantes et secrettes de la cour de France. *A Paris, de l'imprimerie du comte de Paradès*, l'an 178* (1779), pet. in-8 de 42 pp. demi-rel. mar. grenat avec coins, dos orné, fil. tête dor. ébarbé.

> Pièce satirique d'une violence inouïe, et dans laquelle se trouvent des faits scandaleux qu'on ne trouve pas ailleurs ; elle est très rare, les exemplaires ayant été en partie détruits.
> Bel exemplaire.

136. Quinze (Les) joyes de mariage, ouvrage très ancien (mis en lumière par Fr. de Rosset), auquel on a joint le Blason des fausses amours, le Loyer des folles amours & le triomphe des muses contre amour. (en vers, par Guill. Alexis). Le tout enrichi de remarques & de diverses leçons (par Le Duchat). *La Haye, De Rogissart*, 1726, in-12, vélin moderne à recouvr.

137. RABELAIS. La Louenge des femmes. Invention extraite du commentaire de Pantagruel, sur l'Androgyne de Platon (attribuée à Rabelais). *Lyon, par Jean de Tournes*, 1551, in-12 de 63 pp. pap. de Holl. demi-rel. mar. bleu, dos orné, fil. tête dor. non rog.

Réimpression à 100 exemplaires faite à Bruxelles chez Martens en 1863 (n° 90).

138. — Les Œuvres contenans la vie, faicts et dicts héroïques de Gargantua et de son filz Pantagruel, avec la prognostication pantagrueline. *S. l.* 1596. — Les Cinquiesme et dernier livre des faits et dits héroïques du bon Pantagruel... *Lion, Pierre Estiart*, 1596. — Ens. 2 parties en 1 vol. in-16, mar. r. jans. dent. int. tr. dor. (*Duru et Chambolle.*)

Édition rare.

139. RECUEIL de pièces choisies rassemblées par les soins du Cosmopolite. *A Anconne, Uriel Bandant*, 1735, 1 tome en 2 vol. in-8, pap. de Holl. br.

L'Epître dédicatoire est signée L. D. D. Elle est ainsi que la préface, de F. A. Paradis de Moncrif. Ce recueil est attribué à la princesse douairière de Conti et à Arm. Vigneron-Duplessis-Richelieu, duc d'Aiguillon.
Réimpression tirée à 163 exemplaires, faite à Leyde en 1865.

140. — de pièces rares et facétieuses anciennes et modernes en vers et en prose remises en lumière pour l'esbattement des pantagruelistes, avec le concours d'un bibliophile. (P.-S. Carron). *Paris, Barraud.* 1872-73, 4 vol. in-8, pl. et vign. gr. à l'eau-forte. demi-rel. mar. brun, dos orné, fil. tête dor. non rog.

Tiré à petit nombre.
Bel exemplaire sur papier de Hollande avec les eaux-fortes AVANT LA LETTRE.

141. — de vraye poésie françoise, imprimé pour la première fois à Paris en 1544, avec privilège du Roy, et réimprimé à Lyon par Benoît Rigaud, en 1559, sous le titre : Poésie facécieuse. Réimpression textuelle, augmentée d'une notice bibliographique par M. Paul Lacroix. *Genève, Gay,* 1869, in-16 de X — 89 pp. plus 1 f. non ch. pap. de Holl. demi-rel. mar. violet. dos orné, non rog. (*Heldt.*)

Ouvrage tiré à 100 exemplaires numérotés (n° 11). Il renferme des vers de Marot, Saint-Gelais, des Essars, Sainte-Marthe, Macault, etc.

142. — dit de Maurepas : pièces libres, chansons, épigrammes et autres vers satiriques sur divers personnages des siècles de Louis XIV et Louis XV, accompagnés de remarques curieuses du temps... *Leyde*, 1865, 6 vol. in-12, pap. de Hollande, demi-rel. mar. vert avec coins, dos orné, fil. tête dor. non rog. (*Masson-Debonnelle.*)

Édition tirée à 116 exemplaires.
Ex-libris E. Odiot.

143. — général des Caquets de l'accouchée, ou discours facécieux, où se voit les mœurs, actions et façons de faire des grands et petits de ce siècle. Le tout discouru par Dames, Damoiselles, Bourgeoises et autres... *Imprimé au temps de ne se plus fascher (Paris)*, 1623, gr. in-16 carré, pap. de Holl. front. lithog. chag. r. dos orné, fil. et large dent. sur les plats, dent. int. tête dor. non rog.

Réimpression tirée à 76 exemplaires, faite à Metz en 1847.

144. RÉIMPRESSIONS diverses. — Réunion de 9 vol. in-8, in-12 et in-16, pap. vergé, br.

Bonaventure Des Periers. Le Cymbalum Mundi, par Félix Frank. *Paris, Lemerre*, 1873. — Vie et actes triumphans d'une damoiselle nommée Catharine des Bas-Souhaiz. *Paris, Gay,* 1862. — Les Muses incognues, ou la Seille aux bourriers plaine de désirs et imaginations d'amour. *Paris, Gay,* 1862. — Le Desniaisé, comédie par Gillet de la Tessonnerie. *Nice, Gay,*

1873. — Hexaméron rustique, par La Mothe Le Vayer. *Paris, Liseur*, 1875. — Théâtre de Corneille Blessebois. *Paris*, 1864. — L'Ecole des maris jaloux. *San Remo, Gay*. 1874. — Relation d'une maladie singulière arrivée à M. Blanchet, curé de Cours, près la Réolle en Guyenne, pour avoir gardé une continence trop parfaite, écrite par lui-même. *Sauveterre, Chollet*, 1877. — Eve ressuscitée. *San Remo, Gay*, 1873, front.

Toutes ces réimpressions sont *tirées à petit nombre.*

145. Restif de la Bretonne. La Découverte australe par un Homme-volant, ou le Dédale francais : nouvelle très philosophique, suivie de la lettre d'un singe, etc. *Leipsick et Paris* (1781), 4 tomes en 2 vol. in-12, 24 pl. gr. demi-rel v. brun avec coins.

Ouvrage rare, un des plus bizarres et un des moins connus de Restif.

146. Roederer (P.-L.). Mémoire pour servir à l'histoire de la société polie en France. *Paris, Firmin-Didot*, 1835, in-8, demi-rel. mar. vert avec coins, dos orné, fil. tr. dor.

Ouvrage rare, non mis dans le commerce. — On y a ajouté un volume in-8 cart. renfermant un éloge de Rœderer (par Mignet) une notice biographique, et des fragments de divers mémoires pour servir à l'ouvrage de Rœderer.

147. Romans, contes et nouvelles. — Réunion de 10 vol. in-8 et in-12, rel. en v. ant. et vélin ou en demi-rel. v. moderne.

Cupidon dans le bain, ou Avantures amoureuses des personnes de qualité par Madame D** *La Haye*, 1698, 2 parties en 1 vol. front. gr. — Avantures et lettres galantes, avec la promenade des Tuilleries (par le chevalier de Mailly). *Amsterdam*, 1618, 2 tomes en 1 vol. 2 front. gr. — Le Je ne sai quoi par M. C** D* S* P***. (Cartier de Saint Philippe). *La Haye*, 1723, 2 t. en 1 vol.— Histoire de Madame la Comtesse des Barres à Madame la Marquise de Lambert. (Histoire de l'abbé de Choisy, écrite par lui-même.) *Bruxelles*, 1736. — Le Mot et la chose (par Campan). *S. l.* 1752. — Imirce, ou la fille de la Nature (par l'abbé Dulaurens). *Londres*, 1775. — Œuvres mêlées en vers et en prose par M. M*** de M*** (Masson de Morvilliers). *Londres et Paris*, 1789.— Contes d'Antoine Hamilton, avec la suite des Facardins et de Zenéyde, par M. de Lévis. *Paris*, 1820, 2 v.— Œuvres diverses d'Ant. Hamilton. *Paris*, 1813.

148. Roulliard (Séb.). Capitulaire auquel est traité qu'un homme nay sans testicules apparens, et qui ha neantmoins toutes les autres marques de virilité : est capable des œuvres du mariage. *Paris, CIɔVIC* (1600), 1 f. prél. pour le titre et 40 pp. — Traicté de la garantie des rentes... (par Charles Loyseau). *Paris, Pierre Mettayer*, 1693, 56 ff. — Ens. 2 ouvrages en 1 vol. pet. in-8, v. f. ant. dos orné.

Exemplaire de Crozet.

149. — Les Gymnopodes, ou de la nudité des pieds (des Cordeliers), disputée de part et d'autre. *Paris*, 1624, in-4, beau portrait gr. sur cuivre, vélin, dos orné, fil. milieu de feuillage doré.

Exemplaire sur GRAND PAPIER. — Reliure un peu détériorée.

150. Salmigondis (Le). Œuvres morales, physiques, critiques et burlesques, par Mrs. D. L. et D. S. *Francfort, von Morser*, 1740, pet. in-8 de 3 ff. prél. non ch. et 56 pp. v. f. ant. dos orné, fil.

Ouvrage rare, tiré à *petit nombre*. Il ne faut pas le confondre avec le *Salmigondis, ou le Manège du genre humain* de Béroalde de Verville.

151. Sanchez (Th.). De Sancto matrimonii sacramento disputationum... *Lugduni, Anisson*, 1669, 3 tomes en 1 vol. in-fol. v. ant. granit, dos orné.

Ouvrage recherché à cause de certains passages singuliers qu'il renferme.

152. Satires, facéties, etc. — Réunion de 4 vol. in-8 et in-12, dont 1 cart. et 3 en v. ant. marb.

Les Ecosseuses, ou les Œufs de Pâques (par Vadé, le comte de Caylus et la comtesse de Verrue). *Troyes*, 1739. — Taxe de la Chancellerie Romaine, ou la Banque du Pape. Ouvrage qui fait voir l'ambition et l'avarice des Papes, traduit de l'ancienne édition latine (par J.-B. Renoult). *Rome (Hollande)*, 1711, 2 parties en 1 vol. titre et front. gr. — Le Chef-d'œuvre d'un inconnu... par M. le docteur Matanasius (Saint-Hyacinthe). *La Haye*, 1744, 2 tomes en 1 vol. portr. et pl. gr. — Histoire et avantures de milord Pet, conte allégorique, par Madame F** (attribué à Duclos et à M*** Fagan). *La Haye*, 1755.

153. **Spanheim.** Histoire de la Papesse Jeanne, fidèlement tirée de la dissertation latine de M. de Spanheim (par Jacques Lenfant). Nouvelle édition augmentée et ornée de figures. *La Haye*, 1758, 2 vol. in-12, 5 pl. gr. v. ant. marb. dos orné.

154. **Straparole.** Les Facécieuses nuicts (traduites de l'italien par J. Louveau et Pierre de La Rivey, avec une préface de B. de La Monnoye et des notes du poëte Lainez). S. l. *(Paris, Guérin)*, 1726, 2 vol. in-12, v. ant. marb. fatig. fil.

155. **Tableau** (Le) des piperies des femmes mondaines, ou par plusieurs histoires se voyent les ruses et artifices dont elles se servent. *Cologne, Pierre du Marteau (à la Sphère)*, 1685, pet. in-12, mar. citron, dos orné, fil. dent. int. tr. dor. *(Rel. anc.)*

> Bonne édition.
> Exemplaire aux armes du Marquis de La Grange.

156. **Vadé.** Œuvres complettes avec les airs notés à la fin de chaque volume. *Genève (Paris, Cazin)*, 1777, 4 vol. in-18, portr. gr. par Boily d'après Richard, musique notée, v. ant. jaspé, dos orné, fil. tr. dor.

157. **Velnac.** Les Femmes. *Paris, Le Chevalier*, s. d. in-16, pap. vélin, mar. La Vall. dos orné, fil. et angles dor. dent. int. tr. dor. *(Belz-Niedrée.)*

> Bel exemplaire.

158. **Venette** (N.). Tableau de l'amour conjugal, ou la Génération de l'homme. Nouvelle édition, revuë, corrigée, augmentée, et enrichie de figures en taille-douce. *Amsterdam*, 1740, 2 vol. in-12, front. et 11 pl. gr. mar. brun foncé, fil. à froid, dent. int. tr. dor.

159. **Vie** (La) Parisienne, dirigée par Marcelin. *Paris*, 1866 (4ᵉ *année*) à 1886, 17 vol. gr. in-4, nombr. fig. en feuilles, couvertures illustrées.

> Années 1866, 1867 et 1872 à 1886. — L'année 1867 est incomplète du nº 27, l'année 1885 des nᵒˢ 36 à 43 et l'année 1886 des 4 derniers nᵒˢ.

160. **Villon** (Fr.). Les Œuvres (avec les remarques de Eusèbe de Laurière, et une lettre à M. de*** par le P. du Cerceau). *Paris, Coustelier*, 1723, in-12, mar. vert, dos orné à petits fers, dent. int. tr. dor. *(Capé.)*

> Le volume se termine par *les Repues franches, le Franc archer de Baignolet, et le Dialogue de MM. de Mallepaye et de Baillevant.*
> Bel exemplaire provenant de la vente Capé.

161. — Œuvres avec les remarques de diverses personnes (Eusèbe de Laurière, Le Duchat et de Formey). *La Haye, Mœljens*, 1742, 2 parties en 1 vol. pet. in-8 vélin, dos orné.

> Bonne édition contenant de nouvelles notes, quelques fragments inédits des Mémoires touchant Villon par Prosper Marchand et une lettre critique extraite du Mercure de février 1724. La seconde partie contient les pièces suivantes attribuées à Fr. Villon : *Les Repues franches, le Franc archer de Baignollet, le Dialogue de MM. de Mallepaye et de Baillevant et trois ballades.*

162. **Vivès** (Louis). L'Institution de la femme chrestienne, tant en son enfance que mariage et viduité, avec l'office du mary ; le tout composé en latin et nouvellement traduit en langue françoise par Pierre de Changy, escuier. *Lyon, Jean de Tournes*, 1549, in-16, v. ant. marb.

> Édition rare. — On trouve à la fin une Epitre de Jacques de Changy, avocat à Dijon, à Mˡˡᵉ de Villesablon, sa sœur.
> Exemplaire réglé, un peu fatigué.

163. Voisenon. Tant-mieux pour elle ; conte plaisant. Il y a commencement à tout (par l'abbé de Voisenon et aussi attribué à Ch. Alex. de Calonne). *S. l. n. d.* in-12, titre-front. gr. 138 pp. et 1 f. pour la table, mar. r. jans. dent. int. tr. dor. (*Belz-Niedrée.*)

> Bel exemplaire d'un livre peu commun.

164. Vulteius (J. Faciot, dit). Inscriptionum libri duo... Nicæum Xeniorum libellus. — Jo. Vulteii Rhemensis Hendecasyllaborū libri quatuor... *Parisiis, apud Simonem Colinæum,* 1538. — Ens. 2 ouvrages en 1 vol. in-16, car. ital. titre du second ouvrage avec un encadrement sur bois, v. f. ant. dos orné, angles et milieu dor. comp. à froid, tr. dor. (*Rel. de l'époque.*)

> Jean Faciot, dit Vulteins ou Voulté, né à Reims, fut ami de Dolet, de Marot et de Rabelais. C'est le seul poète du XVIe siècle qui se soit permis de contester la beauté légendaire de Diane de Poitiers.
> Exemplaire de Thomas Hobbes, célèbre philosophe anglais, avec sa signature autographe sur un f. de garde et ses initiales frappées en or sur les plats de la reliure. — Tranposition de ff. au second ouvrage.

165. Werdet (Edmond). Histoire du Livre en France depuis les temps les plus reculés jusqu'en 1789, 4 vol. — De la Librairie française, son passé, son présent, son avenir, avec des notices biographiques sur les libraires-éditeurs les plus distingués depuis 1789. — *Paris, Dentu,* 1860-64. — Ens. 5 vol. in-12, br.

> Nous avons de l'Histoire du livre les parties suivantes : Première partie. Origines du livre-manuscrit, 1275 1470. — Deuxième partie. Transformation du livre, 1470-1789. — Troisième partie (tome Ier). Etudes bibliographiques sur les imprimeurs et libraires de Paris les plus célèbres. Les Estienne, 1502-1664 et leurs devanciers depuis 1470. — Troisième partie (tome II). Les Didot, leurs devanciers et contemporains (1500 à 1789).

166. Ymbert (J.-G.). L'Art de faire des dettes, par un homme comme il faut, dédié aux gens destitués, réformés, aux victimes des révolutions et des changemens de ministères passés, présens et à venir (par J.-G. Ymbert). Troisième édition. *Bruxelles, Tircher,* 1825, in-16 de XXIII-68 pp. demi-rel. mar. r. avec coins, dos orné, fil. tête dor. ébarbé.

N° 941

SOUS PRESSE

(Tirage strictement limité à 200 exemplaires)

BIBLIOGRAPHIA MADAGASCARICA

RÉPERTOIRES

ALPHABÉTIQUE ET MÉTHODIQUE

De Livres rares et curieux, Ouvrages anciens et modernes,
Voyages célèbres, Découvertes,
Explorations, Documents officiels, Mémoires, Notices et Articles

CONCERNANT

MADAGASCAR

ET LES ILES AFRICAINES DE L'OCÉAN INDIEN MÉRIDIONAL

(MASCAREIGNES, SÉCHELLES, COMORES, ETC.)

Précédée d'une
Introduction technique

AVEC

TABLES ET INDEX

PAR

LE MARQUIS DARUTY DE GRANDPRÉ

Deux volumes in-8°, contenant plus de 6000 notices bibliographiques.
PRIX : **60** FRANCS

Et en souscription *avant le 28 février 1901* : **45** francs

Les bulletins de souscriptions, dont le montant sera payable à la livraison de l'ouvrage complet, devront parvenir avant le 28 février 1901.

SOMMAIRE

des principales matières analysées

Bibliographies. — Périodiques et Revues. — Annuaires. — Almanachs. — Comptes rendus de Sociétés savantes. — Publications officielles.
Questions religieuses. — Missions catholiques et protestantes.
Politique coloniale. — Statistiques. — Population, Immigration et Emigration. — Esclavage. — Coolies. — Organisation gouvernementale et administration locale. — Finances publiques. — Enseignement. — Lois coloniales et Jurisprudence. — Guerre maritime. — Corsaires. — Questions militaires. — Travaux publics. — Routes et Chemins de fer. — Navigation. — Mœurs et coutumes. — Folklore.
Philologie. — Linguistique. — Patois.
Missions scientifiques. — Observations astronomiques et météorologiques. — Climatologie. — Sciences naturelles. — Géologie. — Paléontologie. — Ethnographie. — Anthropologie. — Flore. — Faune.
Questions médicales. — Hygiène. — Agriculture. — Commerce. — Industrie. — Manufactures.
Beaux-Arts. — Sports.
Littérature. — Belles-lettres.
Histoire et Géographie. — Voyages, Découvertes et Explorations. — Cartographies. — Biographies.

ÉM. PAUL ET FILS ET GUILLEMIN
Libraires de la Bibliothèque Nationale
28, RUE DES BONS-ENFANTS, 28

ŒUVRES DIVERSES

DE

VICTOR ORSEL

1795 - 1850

MISES EN LUMIÈRE ET PRÉSENTÉES

PAR Alphonse PERIN
Peintre d'histoire

TERMINÉES PAR Félix PERIN
Architecte

Cent dix planches accompagnées d'un texte explicatif,
Paris 1852-1878

L'Ouvrage comprend en tout 328 pp. et est orné de 101 planches gravées ou lithographiées, de 9 vignettes souvent répétées, de 10 fac-similés et de 5 planches supplémentaires : Portrait de Lié-Louis Perin et reproduction de 4 tableaux ou dessins d'Alphonse Perin. — **Prix. . . . . 25 francs**

Très belle publication faite aux frais de MM. Perin et sortie des presses de L. Perin et Marinet à Lyon. Elle fut d'abord donnée à quelques artistes, puis le petit nombre d'exemplaires restant fut livré au commerce au prix de 100 francs.

André-Jacques-Victor Orsel, né à Oullins le 25 mai 1795, mort à Paris le 1er novembre 1850, entra en 1809 à l'Ecole des Beaux-Arts de Lyon, dirigée alors par Pierre Révoil, vint à Paris en 1817 et entra dans l'atelier de Pierre Guérin ; il partit pour Rome en 1822 et revint à Paris en 1831 où il demeura jusqu'à sa mort. Son corps fut transporté à Lyon. Cet artiste, dont le public connaissait à peine le nom, ne rechercha jamais la popularité et consacra sa vie tout entière à l'art, s'adonnant plus particulièrement à la peinture religieuse. Ses principales œuvres sont : **Peintures des Litanies exécutées dans la Chapelle de la Vierge** à l'église de Notre-Dame de Lorette à Paris ; **le Bien et le Mal**, tableau qui figure au Musée du Louvre ; **la Ville de Lyon préservée du choléra par l'intercession de la Sainte Vierge,** tableau votif placé à l'église de Notre-Dame de Fourvières à Lyon, etc., etc. — Toutes ces peintures sont reproduites et décrites avec le plus grand soin dans l'ouvrage ci-dessus.

Tours, imp. Tourangelle, 20-22, rue de la Préfecture.

www.ingramcontent.com/pod-product-compliance
Ingram Content Group UK Ltd.
Pitfield, Milton Keynes, MK11 3LW, UK
UKHW031711170726
13836UKWH00001B/180